T0196026

Jai la vache albinos
Jai Ng'ombe Zeruzeru

Gloria D. Gonsalves

Français - Kiswahili

Illustré par Nikki Ng'ombe
Mchora picha ni Nikki Ng'ombe

AuthorHouse™ UK
1663 Liberty Drive
Bloomington, IN 47403 USA
www.authorhouse.co.uk
UK TFN: 0800 0148641 (Toll Free inside the UK)
UK Local: 02036 956322 (+44 20 3695 6322 from outside the UK)

Because of the dynamic nature of the Internet, any web addresses or links contained in this book may have changed since publication and may no longer be valid. The views expressed in this work are solely those of the author and do not necessarily reflect the views of the publisher, and the publisher hereby disclaims any responsibility for them.

Any people depicted in stock imagery provided by Getty Images are models, and such images are being used for illustrative purposes only.
Certain stock imagery © Getty Images.

This book is printed on acid-free paper.

ISBN: 979-8-8230-8555-7 (sc)
ISBN: 979-8-8230-8556-4 (e)

Library of Congress Control Number: 2023921869

Print information available on the last page.

Published by AuthorHouse 01/26/2024

authorHOUSE®

Jai la vache albinos
Jai Ng'ombe Zeruzeru

Il était une fois deux vaches d'Ankole, des frères prénommés Lutalo et Tokei. Ils avaient aussi une sœur, Anjait. Tous trois vivaient avec leur mère et leur père dans les prairies de Kole Hills.

Hapo zamani za kale, palikuwa na ng'ombe wa Kitutsi wawili walioitwa Lutalo na Tokei. Ng'ombe hao walikuwa na dada aliyeitwa Anjait. Waliishi pamoja na wazazi wao katika bustani za Vilima vya Kole.

Lutalo, surnommé Bello Bello, était l'aîné des deux frères. Il était tout gris et portait toujours une cloche en cuivre.

Tokei, surnommé Spotty, était le frère cadet. Sa peau était d'une riche couleur noisette tachetée de blanc.

Anjait, surnommée Jai, était leur petite sœur. Son nom signifiait « celle qui est née sur l'herbe ». Sa robe était d'un blanc inhabituel. Elle avait les yeux roses et des touffes de poils sur le front. Jai souffrait d'albinisme, mais les autres vaches croyaient qu'elle était maudite.

Jina la utani la Lutalo lilikuwa ni Bello Bello. Yeye ndiye alikuwa kaka mkubwa. Alikuwa na rangi ya kijivu na alivaa kengele shingoni wakati wote.

Jina la utani la Tokei lilikuwa ni Spotty. Alikuwa ni kaka wa pili. Ngozi yake ilikuwa ya rangi ya kahawia yenye madoadoa meupe.

Mdogo wao Anjait jina la utani lilikuwa Jai. Jina lake lilimaanisha aliyezaliwa kwenye majani. Ngozi yake ilikuwa nyeupe ajabu. Alikuwa na macho yenye rangi ya waridi, kwenye utosi alikuwa na nywele laini. Jai alikuwa ni zeruzeru kwa sababu ya ulemavu wake wa ngozi, ng'ombe wengine walifikiri ana laana.

Par un après-midi d'été, la famille réunit ses enfants à l'ombre d'un grand acacia.

— Les enfants, votre père et moi aimerions vous enseigner une tradition ancestrale. Nous allons danser, dit leur mère.

— Je vais vous montrer comment faire, ajouta Bello Bello.

— Nous n'entendrons pas la musique avec ta cloche, protesta Spotty.

— Au contraire, nous pouvons danser sur la musique de sa cloche, proposa Jai.

— Les enfants, regardez-nous d'abord danser, votre mère et moi, intervint leur père.

Siku moja mchana wakati wa Majira ya Joto, familia ilikusanyika chini ya kivuli cha mti mkubwa wa muwati.

Mama yao aliwaambia wanawe, "Wanangu, mimi na baba yenu tunataka kuwafundisha utamaduni wa zamani. Tutacheza ngoma."

"Nitawaonesha namna ya kucheza," Bello Bello alisema.

Naye Spotty akadakia, "Hatutasikia muziki na hiyo kengele yako."

"Tutacheza muziki wa kengele yake," Jai alisema kwa msisitizo.

"Watoto, mnaonaje mkituangalia kwanza mimi na mama yenu tunavyocheza!" Baba yao aliwaambia.

Les trois enfants regardèrent alors leurs deux paires de longues cornes s'entremêler et leurs mufles se caresser tandis que leurs corps ondulaient en arrière, en avant et sur le côté dans un rythme particulier.

Alors qu'ils dansaient, une énorme bulle de poussière en forme de cœur s'éleva au-dessus de leurs têtes. On aurait dit un combat musical, un duel magique.

Jai était tellement enthousiasmée par la danse que les poils sur son front se hérissèrent en tresse, formant une troisième corne.

Ses frères étaient tout excités de voir ce qui arrivait au front de leur sœur.

Wote watatu waliangalia jinsi zile pembe nne ndefu zikiungana, nyuso zikigusana wakati miili inakwenda nyuma, mbele na pembeni kwa mwendo wa madaha.

Wakati wazazi wao wanaendelea kucheza, vumbi kubwa lenye mchoro wa moyo liliumbika juu yao. Ilionekana kama muziki wa kupigana lakini wenye maajabu kama mazingaombwe.

Jai alifurahishwa sana na uchezaji wa wazazi wake. Nywele zake za utosini zikaanza kujisuka butu moja refu. Butu hilo lilionekama kama pembe yake ya tatu.

Kaka zake walifurahi sana kuona kinachoendelea utosini mwa dada yao.

C'était la courte saison des pluies et les prés de Kole Hills étaient verdoyants. Les collines étaient nichées dans une région montagneuse unique, aux nombreuses plantes somptueuses. De belles fleurs rouges, jaunes et bleues y poussaient.

Ce soir-là, toutes les vaches de Kole Hills et des pâturages alentour se regroupèrent pour regarder danser les rois du bétail. À cette occasion, les vaches choisies montraient leurs talents de danse.

Les vaches des pays étrangers étaient aussi invitées.

Yalikuwa ni Majira ya Vuli. Vilima vya Kole pamoja na majani ya malisho yalikuwa ya kijani. Vilima hivyo vilikuwa kwenye eneo la kipekee. Eneo hilo lilikuwa na mimea mingi na mizuri ajabu. Maua mazuri ya rangi mbalimbali, mekundu, njano na bluu yaliota kila mahali.

Wakati wa jioni, ng'ombe wa Vilima vya Kole na wa majirani walikusanyika kuangalia uchezaji wa ngoma ya ng'ombe wa kifalme. Lilikuwa tukio ambalo ng'ombe maalumu walionesha uhodari wao wa kucheza.

Pia, ng'ombe kutoka nchi za kigeni walialikwa.

La famille de Jai lui proposa de danser.

— Mais je suis maudite, soupira-t-elle.

— Tu es ma jolie sœur, lui dit Spotty.

— Tu es ma sœur bien aimée, renchérit Bello Bello.

— Jai, c'est bien d'avoir peur. Cela signifie que tu t'apprêtes à faire quelque chose de courageux, expliqua son père.

— Jai, le sang des dieux coule dans tes veines. Ce soir, danse comme une déesse, lui dit sa mère.

Familia nzima walikubaliana kuwa, Jai ashiriki kwenye uchezaji.

"Lakini mimi nina laana," alisema Jai.

Spotty akamwambia, "Wewe ni dada yangu mzuri."

Naye Bello Bello akasema, "Wewe ni dada yangu mpendwa."

"Jai, kuogopa ni jambo zuri. Ina maana kuwa uko tayari kufanya kitu cha kijasiri," Baba yake alisema.

"Jai, una damu ya kimungu. Cheza leo usiku kama malkia wa miungu," Mama yake akasema.

Jai accepta de participer à la danse des rois du bétail.

Ses parents et ses frères cueillirent des fleurs tôt ce matin-là pour en décorer la tête de Jai.

Sa mère tressa en une courte natte les poils soyeux de son front.

Son père brossa son pelage jusqu'à ce qu'il soit d'un blanc étincelant.

Jai était très belle.

Jai alikubali kushiriki kwenye ngoma ya ng'ombe wa kifalme.

Jai alirembwa kichwa chake kwa maua mazuri yaliyochumwa alfajiri na wazazi pamoja na kaka zake.

Mama yake alimsuka Jai butu moja fupi kwenye nywele za utosini mwake.

Baba yake pia alimsaidia kusafisha ngozi yake mpaka ikawa nyeupe kama theluji.

Hakika Jai alipendeza sana.

Il y eut un moment de trouble quand Jai entra sur la piste de danse. Quelques vaches murmurèrent, d'autres la huèrent.

Aucune vache femelle n'avait encore jamais participé à la danse auparavant, mais les étrangers qui avaient été invités firent la révérence.

Les vaches de Kole Hills se demandaient pourquoi leurs invités montraient du respect envers Jai. Ignoraient-ils qu'elle enfreignait la coutume et qu'elle était une vache maudite ?

Punde Jai alipoingia uwanjani kuliibuka ghasia. Baadhi ya ng'ombe walisikika wakinong'ona, wengine walipiga kelele na baadhi walimzomea; eti kwa sababu hakuna ng'ombe wa kike aliyewahi kushiriki kwenye uchezaji wa ngoma.

Hata hivyo, ng'ombe wageni waliokuwa wamealikwa waliinama kwa heshima.

Ng'ombe wa Vilima vya Kole walishangaa, kwa nini wageni wao wanaonesha heshima kwa Jai! Hawajui kwamba anavunja desturi na alikuwa ni ng'ombe mwenye laana?

Une vache sage prit la parole.

— Bonjour, descendante de la déesse.

Les vaches de Kole Hills restèrent bouche bée. Comment une vache maudite pouvaitelle descendre de Dieu ?

Jai s'approcha de l'invité.

— Bienvenue, je m'appelle Anjait ou Jai.

— Et moi, je m'appelle Waldi. Je viens d'Autriche. Waldi toucha le front de Jai.

— Tu es de la famille des licornes, les animaux magiques des dieux. Accepte qui tu es, lui dit Waldi.

— Je l'accepte, répondit Jai.

Ng'ombe mmoja mwenye hekima akazungumza, "Salamu mzawa wa miungu!"

Ng'ombe wa Vilima vya Kole walipigwa na butwaa. Inawezekanaje ng'ombe mwenye laana awe mzawa wa miungu?

Jai alimkaribia mgeni aliyezungumza. "Karibu, jina langu ni Anjait au Jai."

"Jina langu ni Waldi. Natoka Austria." Waldi alijitambulisha huku akimgusa Jai kwenye utosi.

"Wewe ni ndugu wa farasi wenye pembe, wanyama wa miujiza kutoka kwa miungu. Kubali jinsi ulivyo," alisema Waldi.

"Ninakubali," alijibu Jai.

Jai commença à danser.

Sa queue tourbillonna dans les airs, produisant de petites étoiles. Chaque fois que ses sabots heurtaient le sol, des paillettes argentées s'élevaient de la terre. Alors qu'elle dansait, les poils tressés sur son front se changèrent en un arc-en-ciel bariolé.

Enfin, la foule de vaches applaudit.

Jai dansa, encore et encore, jusqu'à ce que sa robe blanche ressemble à la lune scintillante dans la nuit obscure. Soudain, elle s'arrêta et regarda autour d'elle.

Toutes les vaches inclinaient la tête et avaient replié leurs pattes droites dans une révérence royale.

Jai akaanza kucheza.

Mkia wake ulizunguka hewani na kutengeneza nyota nyingi ndogondogo. Kila mara miguu yake ilipogusa ardhi, mapambo yenye rangi ya fedha yalipaa kutoka kwenye vumbi. Alipoendelea kucheza, butu lake la utosini lilibadilika na kuwa na rangi za upinde wa mvua.

Hatimaye, ng'ombe waliokusanyika walianza kumshangilia.

Jai aliendelea kucheza mpaka ngozi yake nyeupe ilifanana na mng'ao wa mwezi katika giza nene. Ghafla akaacha kucheza na kuanza kuangalia pande zote.

Ng'ombe wote walikuwa wameinamisha vichwa vyao chini. Miguu yao ya mbele, kulia ilikunjwa kuelekea nyuma. Ilikuwa ni salamu ya kifalme.

Jai était entrée dans l'Histoire.

Même si elle était albinos, elle n'était plus une vache maudite.

Elle était la toute première vache femelle à être couronnée reine de la danse des rois du bétail.

Elle était admirée pour ses talents de danse magiques. Elle était devenue une vache albinos respectée.

L'histoire de Jai fut transmise parmi les vaches, de génération en génération. Sa légende valut amour et respect à toutes les vaches albinos de Kole Hills et du monde entier.

Jai aliandika historia.

Ingawa alikuwa zeruzeru, hakuwa tena ng'ombe aliyelaaniwa.

Alikuwa ni ng'ombe wa kwanza wa kike kuvishwa taji la malkia wa uchezaji wa ngoma ya ng'ombe wa kifalme.

Alistaajabiwa kwa uwezo wake wa kucheza kimiujiza. Hatimaye, Jai aliheshimiwa kama ng'ombe zeruzeru.

Hadithi ya Jai ilisimuliwa kutoka kizazi kimoja cha ng'ombe hadi kingine. Hadithi yake ilileta upendo na heshima kwa ng'ombe zeruzeru wa Vilima vya Kole na ulimwengu mzima.

Je remercie les montagnes de Lushoto, en Tanzanie, et les montagnes de Carinthie, en Autriche. Ces prés verdoyants à flanc de colline parsemés de vaches m'ont inspirée pour l'écriture de cette histoire. Je n'oublierai jamais le veau qui m'a léché le visage après deux heures de randonnée sur les pentes autrichiennes, m'encourageant à continuer alors que j'étais sur le point de m'effondrer.

Ninashukuru kwa nafasi niliyopata kutembelea misitu asilia iliyoko kwenye Milima ya Lushoto, Tanzania na Karinthia, Austria. Nilipata mawazo mazuri ya kitabu hiki baada ya kuona mashamba ya malisho yaliyopambwa kwa ng'ombe wengi. Sitamsahau ndama aliyenilamba usoni baada ya saa mbili za kupanda mlima kule Austria, ilikuwa ni ishara ya kunitia ari ili niendelee wakati nilipotaka kuanguka kwa uchovu.

Si votre enfant a aimé ce livre, et vous aussi, merci de laisser un avis sur Amazon ou Goodreads. Votre commentaire m'aidera à vous offrir d'autres belles histoires.

Je, kitabu hiki kimekusaidia kwa namna fulani? Ikiwa ndivyo, ningependa kusoma maoni yako. Uhakiki wako utawasaidia wasomaji kupata kitabu sahihi kwa ajili ya mahitaji yao.

Explorez l'amitié et la bonté dans d'autres histoires du même auteur.

Lamellia : Le Royaume des Champignons. Dans ce joli livre d'images éducatif, vous découvrirez différents types de champignons et comment ils utilisent leurs spécificités pour prendre soin d'un bébé humain. Au cours de cette aventure amusante, vous apprendrez l'importance de la bonté, de la tolérance et de la reconnaissance.

Lamellia : La Méchante Reine. C'est l'histoire de Nobilia, reine du royaume des champignons. Dans ce conte illustré fascinant, vous apprendrez qu'il est important de faire preuve de bonté, de suivre les règles et d'en comprendre les conséquences.

Lamellia : Le Sorcier de la Forêt. Cette troisième histoire est celle du sorcier qui habite dans la Forêt Très Verte du royaume de Lamellia et du mystère de la chanson triste. Cette aventure traite de l'importance de la bonté et du courage, des conséquences de nos actes, et propose une leçon subtile sur la jalousie.

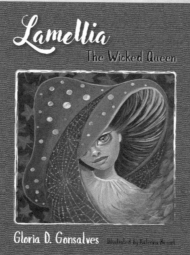

Danloria : La Forêt secrète de Germania. Voici l'histoire d'un petit garçon, Stan, qui aimait visiter la forêt avec son père. Un jour, son père tomba malade et Stan retourna dans la forêt sans lui, guidé par Fern, la fougère sage. La rencontre avec les amis de Fern allait laisser au petit garçon un souvenir inoubliable.

À propos de l'auteur

Gloria D. Gonsalves, surnommée affectueusement Tatie Glo, est un auteur primé et une poétesse dont plusieurs recueils ont été publiés. Grâce à cette histoire, elle espère que vous montrerez toujours de l'amour et du respect aux autres, même s'ils paraissent différents.

Gloria D. Gonsalves, kwa jina jingine Shangazi Glo, ni mtunzi wa hadithi za watoto. Aidha, ni mpenzi wa ubunifu katika uandishi wa mashairi. Anatumaini kuwa hadithi hii itakufundisha kuonesha upendo na heshima kwa kila mtu hata kama mwonekano wao ni tofauti.

À propos de l'illustratrice

Nikki Ng'ombe est une amoureuse des arts. Sa curiosité naturelle l'a attirée vers une carrière de chercheuse, pour essayer de mieux comprendre le fonctionnement de l'esprit humain. Quand elle ne travaille pas à ses recherches, on peut la trouver avec un livre sur les genoux et un chat blotti à côté d'elle.

Nikki Ng'ombe ni mpenzi wa sanaa. Tabia yake ya udadisi imemvuta kwenye kazi ya utafiti ambapo anajaribu kuelewa jinsi akili ya mwanadamu inavyofanya kazi. Wakati hafanyi kazi kwenye utafiti wake, utamkuta anasoma kitabu akiwa na paka wake pembeni.

Printed in the United States
by Baker & Taylor Publisher Services